손안의 불서

7

행복을 여는 감로법문

일타큰스님 지음

✿효림

선禪과 교敎와 율律을 모두 통달하고

자상한 마음으로

중생 교화에 일평생을 바치신

일타日陀(1929~1999)스님께서

업業과 복福과 수행修行의 요점에 대해

오래전에 설하신 감로법문들을 정리하여

월간「법공양」에 2022년 2월부터

8월까지 연재한 다음

새롭게 다듬어 한 권의 책으로 펴냈습니다.

잘 읽어 책 제목 그대로

행복의 문을 활짝 열기를

축원드립니다.

엮은이 김현준 합장

차 례

차 례

II. 불법 속의 행복한 불자

제1장

업과 복

고해를 벗어나고 싶은가?

선인선과善因善果 악인악과惡因惡果

고해苦海의 파도를 타고 출렁이는 중생은 누구나 행복을 원한다. 하지만 우리가 살고 있는 이 세계는 사바세계娑婆世界이다.

이 사바세계는 참지 않고서는 살아갈 수 없는 감인세계堪忍世界, 잡된 인연으로 얽히고설켜 있는 회잡세계會雜世界로 풀이된다. 잡된 인연으로 얽혀 있어 참지 않고서는 살 수 없는 곳이 사바세계라는 것이다.

그러므로 이 괴로운 사바에 몸을 담고 있는 중생이 행복을 추구하는 것은 너무나 당연한 일이다.

하지만 대부분의 사람들은 이 당연한 바람인 행

복을 이루지 못한 채, 한평생을 고해 속에서 헤매다가 죽음을 맞이하고 만다.

왜 이렇게 살다가 죽어야 하는 것일까? 고해를 벗어나 복된 삶을 영위할 수는 없는 것인가?

아니다. 누구나 **행복이 충만된 삶을 누릴 수 있다.** 행복만이 아니라, 영원과 자재로움과 번뇌가 없는 삶까지 모두 얻는 비결이 있다.

실제로 부처님께서는 이 비결에 따라 가장 완벽한 해탈을 이루셨고, 한평생 동안 복된 삶을 이루는 방법을 일러주셨다. 그리고 그 첫 번째 단초로 윤회와 인과를 믿을 것을 일러주셨다.

전생의 일을 알고자 하는가
금생에 받는 삶이 그것이다
내생의 일을 알고자 하는가
금생에 짓는 선악이 그것이다

欲知前生事 욕지전생사

今生受者是 　금생수자시

欲知來生事 　욕지내생사

今生作者是 　금생작자시

　사람들은 어제를 돌아보고 내일을 기약하며 오늘을 살아가고 있다. 그렇지만 전생을 생각하고 내생을 바라보며 금생을 살아가는 이는 흔치가 않다.

　왜 어제는 돌아볼 줄 알면서 전생은 묵살하고, 내일은 기약하면서도 내생은 잊고 사는 것일까? 그것은 전생과 내생이 보이지 않기 때문이요, 지금 이 순간에 너무 집착하며 살고 있기 때문이다.

　하지만 빙산의 모습과도 같이, 우리의 삶은 보이는 것보다 보이지 않는 것이 더 크기 마련이다. 현재 눈앞에 보이는 것에 대한 집착 때문에, 보이는 것 밑에서 우리를 움직이고 있는 보이지 않는 '그 무엇'을 잊은 채 살고 있을 뿐이다.

그리고 우리가 보지 못한다고 하여 보이지 않는 '그 무엇'은 없어지지가 않는다. 그것은 엄연히 존재할 뿐 아니라, 보이는 세계 대부분을 지배하고 있다.

특히 우리가 고난에 처하였을 때는 보이지 않는 것에 대한 인식이 더욱 중요하다. **보이지 않는 '그 무엇'이 작용하고 있다는 것을 알기만 하여도,** 현실을 보다 편안하게 받아들여 향상된 길로 나아갈 수 있기 때문이다.

그런데도 그것이 지금 당장 보이지 않는다고 하여 무시해 버리는 어리석음 때문에 더 큰 고난 속으로 빠져들어 가고 마는 것이다.

그렇다면 지금 보이지 않는 것이란 무엇인가?
바로 '업業'이다. 내가 지어 내가 받는 업이 그것이다.
특히 '악업惡業'은 무섭다. 악업은 인정사정이 없

다. 내가 지은 악업이 무르익으면 도무지 그 까닭을 알 수 없는 괴로움을 나에게 가져다주게 된다.

심은 대로 거두고 지은 대로 받는 것이니, 좋은 씨[善因]에는 좋은 열매[善果]를 거두고 나쁜 짓[惡因]을 하면 나쁜 과보[惡果]를 받게 되기 때문에, 우리로 하여금 이 사바세계의 괴로움을 면할 수 없도록 만드는 것이다.

❀

언젠가 텔레비전의 〈장수만세〉라는 프로에서, 아나운서가 80이 넘은 노인에게 질문을 하였다.

"장수의 비결이 무엇입니까?"

"우리 마누라 속을 썩이지 않는 것이 저의 장수 비결이오."

이 대답에 관람하던 모든 사람들이 박장대소를 하였다.

§

그냥 우스갯소리 같은 이 말속에 깊은 생활철학

이 담겨 있음을 느낄 수 있다.

왜? 사람이 한평생 살아가는 데 있어 부부보다 더 가까운 사람은 없다. 부부는 모든 일을 함께 의논하며 살아간다. 부부는 한 몸이다. 가장 친하고 서로를 아껴주는 이가 부인이고 남편인 것이다.

이와 같이 한 몸이나 다를 바 없는 부인의 속을 썩이지 않는다면 남편의 마음도 그만큼 편안할 것이다.

또 남편 때문에 속상할 일이 없는 부인은 항상 즐겁고 평화롭고 따스한 마음을 갖추게 될 것이다. 자연히 음식도 정성껏 만들고 때때로 정성껏 달인 보약도 대령할 것이다. 어찌 남편이 건강해지지 않을 수가 있겠는가?

이와는 반대로 부인의 속을 썩이면 화가 머리끝까지 올라 보라. 음식도 아무렇게나 할 것이고, 설사를 하든 체하든 나하고 무슨 상관이냐는 식으로 할 것이다. 그렇게 되면 자연히 남편의 마음마

저 불편해져서 하는 일까지 시원스럽게 풀리지 않게 되고 만다.

진정 '마누라 속을 썩이지 않는 것이 장수의 비결'이라고 한 그 노인의 말은 명답이 아닐 수 없다. 곧 마누라 속을 썩이지 않는 것은 인因이요, 장수는 과果인 것이다.

이와 같은 인과의 법칙은 우리의 일상생활 속에서 한 치의 어긋남이 없이 작용하고 있다.

선인선과善因善果 악인악과惡因惡果.

이러한 인과의 법칙을 확실히 믿고서, 지금 겪고 있는 괴로움이 '나'의 지은 바에 대한 과보라 생각하며 마음을 비우고 기꺼이 받아들이는 사람은 능히 업을 녹여 향상의 길로 나아갈 수 있지만, 고난에 처하여 남을 원망하거나 회피만 하는 사람은 더욱 깊은 수렁으로 빠져들고 만다.

인과법 속에서 깨어나라

그러므로 달마대사達磨大師께서는 「사행론四行論」에서, 고난에 처하였을 때 다음과 같이 생각할 것을 간곡히 당부하셨다.

내 아주 오랜 옛적부터	我從往昔 (아 종 왕 석)
수많은 생애 동안	無數劫中 (무 수 겁 중)
근본을 버리고 말초적인 것만 좇아	棄本從末 (기 본 종 말)
생사의 물결 속을 떠다니면서	流浪諸有 (유 랑 제 유)
무수한 원한과 미움을 쌓았으며	起多怨憎 (기 다 원 증)
남에게 피해를 준 일 무한하리라.	違害無限 (위 해 무 한)
비록 지금은 잘못이 없다 할지라도	今雖無犯 (금 수 무 범)
지금의 재앙은 숙세에 내가 지은	是我宿殃 (시 아 숙 앙)
악업의 열매가 익은 것일 뿐	惡業果熟 (악 업 과 숙)
하늘이나 다른 이가 준 것이 아니요	非天非人 (비 천 비 인)
오직 내가 지어 내가 받는 것이다.	所能見與 (소 능 견 여)

달마대사의 이 말씀처럼, 지금 우리가 받고 있는

고통은 숙세에 지은 악업의 열매가 무르익어 나타난 것일 뿐이다. 이것을 확실히 믿는 자는 능히 고난을 넘어설 수 있지만, 반대의 경우에는 원한과 미움을 수레바퀴의 축으로 삼아 끝없이 윤회하게 된다.

정녕 우리는 지금 받는 고통과 재앙들이 내가 지은 악업의 열매가 무르익어 찾아온 것임을 알고, 업을 녹이는 자세로 살아가야 한다.

특히 부모 형제 자식 등 떨쳐버리려야 떨쳐버릴 수 없고 벗어나려야 벗어날 수 없는, 가까운 사람과의 좋지 못한 인연(문제) 속에 처하였을 때는, 더욱 넓게 마음을 열어 맺힌 업을 풀어야 한다.

실로 우리들 주변에도 가장 밀접하고 매우 좋은 사이로 있다가, 어느 날 갑자기 상대방의 가슴에 못을 박고 사라지는 경우를 접할 수가 있다.

전생의 원수가 금생의 자식이 되어 부모 가슴에

못을 박고 사라지는 경우도 있고, 전생의 원수가 금생의 남편이나 아내가 되어 지겹도록 애태우고 괴롭히고 고생을 시키는 경우도 있다.

오히려 지극한 악연은 지극히 가까운 곳에 도사리고 있는 경우가 많다.

그렇다고 하여 피할 일이 아니다. 멀리하고 무시한다고 하여 해결될 일도 아니다. 업보는 피하고 멀리하고 무시할수록 더욱 깊이 파고들기 때문이다.

만약 지금의 우리가 그와 같은 관계, 그와 같은 상황에 처해 있다면 누구도 원망하지 말고 지금의 괴로움을 달게 받겠다는 자세로 살아야 한다.

고요한 마음으로 스스로를 돌이켜 보라.

우리는 지금 어떻게 살고 있는가? 잘 살고 있는가? 사랑하는 나와 나의 가족을 잘 살리며 살고 있는가? 나의 직장과 이웃과 이 지구를 살리며 살고 있는가?

'그렇지 않다'고 답하는 사람도 많을 것이다. 나아가 '사랑'이라는 이름을 앞세워서 끝없이 요구하고, 서로를 구속하고 시기하고 질투하고, 서로를 나무라고 원망하는 관계를 맺는 경우도 많을 것이다.

"내 속에서 나온 놈이 어찌 저다지도 애를 태울까?"

"어쩌다가 저런 남편을 만나 이 고생인지……."

그러나 결코 원망하고 한탄할 일이 아니다.

이제 우리는 인과법을 철저히 믿고 다시 깨어나야 한다. 다시 깨어나 **가까운 인연들부터 살려야 한다.** 향상의 길로 나아갈 수 있도록 살려야 한다.

우리들 눈앞에 펼쳐져 있는 현상들은 모두가 인과응보일 뿐이다. 이 인과의 법칙을 모르면 현상을 극복할 수가 없다. 인과법을 잊고 살면 맺힌 인연의 매듭을 풀 수가 없다.

눈 앞에 펼쳐진 현상을 극복하지 못하고 맺힌 매듭을 풀지 못하면 불행은 끝이 없다. 인과응보라는 사실을 잊은 채, 원망하고 토라지고 한을 품으면 악연은 더욱 깊어질 뿐이다.

원인을 뚜렷이 알 수 없는 현재의 괴로움, 현재의 불행은 모두가 지난 세상에 내가 지은 악업의 과보라고 생각하며 살 때, 우리의 삶은 달라지고 지난 빚은 차츰 줄어들어, 갈수록 자유롭고 행복해질 수 있는 것이다.

부디 이를 잘 명심하여, 맺힌 업을 풀고 행복 가득한 삶을 활짝 열어 누리기를 기원하는 바이다.

나무마하반야바라밀.

업을 빨리 녹이려면

기꺼이 받는 삶

사바의 중생은 인과의 법칙에 따라 업에 얽매인 채 살아가고 있다. 그렇다면 우리는 업과 윤회의 굴레에서 영원히 벗어날 수 없는 존재인가?

아니다. 이 몸을 자동차에 비한다면 이 몸을 운전하는 운전수가 있다. 자동차를 움직일 수 있도록 하는 운전수, 이 몸을 끌고 다니는 주인이 있는 것이다.

이 주인공을 바르게 쓰고 주인공을 분명히 찾으면 윤회와 업의 굴레에서 벗어날 수 있다.

그리고 자동차가 달라져도 주인은 그대로이듯, 우리는 업을 따라 차종만 바꿀 뿐이다. 궂은 업을 지었으면 궂은 차를 타고, 좋은 업을 지었으면 좋은 차를 타기 마련이다. 그 업이 다하는 시간 동안은….

그런데도 사람들은 내가 지은 나쁜 업은 생각하지 않고 좋은 차만을 고집한다. '나라고 하여 궂은 차를 타야 할 이유가 없다'는 것이다.

이 때문에 문제는 더욱 커진다. 기꺼이 받으면 업이 저절로 녹아내릴 수 있는데도, 억지 탈바꿈을 추구하다가 더욱 궂은 업을 짓게 되고 만다.

이렇게 하는 이상 자유와 행복은 나와 함께하지도, 나의 것이 될 수도 없다. 시작도 끝도 없는 윤회의 길 속에서 한없는 괴로움을 짊어지고 살 수밖에 없는 것이다.

기꺼이 받는 삶!

바로 이것이 모든 업장業障을 소멸시키는 비결이요, 기꺼이 받아 업장이 빨리 소멸되면 고통의 삶은 기쁨의 삶으로 바뀐다.

그러나 교리적인 설명을 통해서보다는 있었던 사실을 이야기하는 것이 이해에 더 많은 도움을 줄 수 있을 것이므로, 두 가지 사례를 들어 현실을 기꺼이 받아들이는 삶을 생각게 하고자 한다.

❀

옛날 한순간에 집안이 몰락하여 거지가 된 이가 있었다. 보통 거지는 문전걸식하며 하루 끼니를 얻기 마련인데, 이 거지는 어떻게나 복이 없었던지 동냥을 다니면 밥을 얻기는커녕 몽둥이찜질을 당하거나 개에게 물리기 일쑤였다.

하는 수 없이 그는 주린 배를 달래기 위해 남의 집 쓰레기 더미를 뒤져 먹을 것을 찾았다.

그렇게 기막히고 비참하게 살아가던 어느 날, '차라리 죽는 것이 낫다'고 생각한 그는 마을 뒷산으로 갔다. 밧줄로 올가미를 만들어 소나무 가지에 묶고 목을 매려는 순간, 갑자기 허공에서 호통치는 소리가 들려왔다.

"쓰레기 열 포대를 먹어야 할 업을 지은 놈이, 겨우 세 포대밖에 먹지 않았는데 벌써 죽으려고 하느냐!"

아직 일곱 포대의 쓰레기를 더 먹어야 하니 죽을 수도 없다는 것이었다. 환청과도 같은 허공의 소리에 거지는 깨달음을 얻었다.

"어차피 열 포대를 먹어야 할 운명이라면 빨리 찾아 먹자."

그날부터 거지는 조금도 운명을 탓하지 않고 열심히 남의 집 쓰레기통을 뒤져 먹을 것을 찾았다. 그런데 남은 일곱 포대분 중에 한 포대분을 채 찾아 먹기도 전에, 거지는 우연히 만난 귀인의 도움을 받아 전처럼 잘살게 되었다.

§

'기꺼이 받겠다'는 자세가 한 포대를 채 찾아 먹기도 전에 나머지 일곱 포대의 업을 모두 녹여버린 것이다.

선행까지 더하면

너무 힘이 들어 죽고자 하는 이에게 흔히 이야기하기를, "죽을 각오로 노력하면 못 넘어설 고난이 없다"고들 한다.

아무리 현실이 괴롭더라도 '기꺼이 받겠다'는 마음가짐으로 참고 견디고 노력하면, 괴롭고 나쁜 업은 적극적인 마음가짐만큼이나 더 빨리 소멸되기 마련이다.

실로 적극적으로 다가오는 업을 기꺼이 받겠다는 마음가짐으로 살아가면 그 업이 오래지 않아 사라지고, 이렇게 하여 과거의 나쁜 업이 다 녹아 죄가 없어지면 복이 생기고[罪滅福生], 복이 깃들면 마음이 신령스러워지지 않을 수 없는 것이다[福之心靈].

이제 역사에 기록된 인물 이야기를 하나 더 하고자 한다.

중국 당나라 때 배휴裵休라는 유명한 정승이 있었다. 그는 쌍둥이로 태어났다. 그것도 등이 맞붙은 기형아로 태어나자 부모가 칼로 등을 갈라 살이 많이 붙은 아이를 형으로, 살이 적게 붙은 아이를 동생으로 삼았다.

부모는 형과 동생의 이름을 '度'자로 짓되, 형의 이름은 '법도 도度'로 하고 동생은 '헤아릴 탁度'이라고 불렀다. 배휴는 어릴 때의 형인 배도가 장성한 다음에 쓴 이름이다.

어려서 부모를 여읜 배도와 배탁은 외삼촌에게 몸을 의탁하고 있었다. 어느 날 일행선사一行禪師라는 밀교의 고승이 집으로 찾아와서 그들 형제를 유심히 바라보더니, 외삼촌과 이야기를 나누는 것이었다.

"저 아이들은 누구입니까?"

"저의 생질들인데 부모가 일찍 죽어 제가 키우고 있습니다."

"저 아이들을 내보내시오."

"왜요?"

"저 아이들의 관상을 보아하니, 앞은 거지상이요 뒤는 거적때기상입니다. 워낙 복이 없어 거지가 되지 않을 수 없고, 그냥 놓아두면 저 아이들로 말미암아 주변도 가난해집니다. 그리고 저 아이들이 얻어먹는 신세가 되려면 이 집부터 망해야 하니, 애당초 그렇게 되기 전에 내보내시오."

"그렇지만 돌보아 줄 이가 없는 아이들을 어떻게 내보냅니까?"

"사람은 자기의 복대로 살아야 하는 법! 마침내 이 집이 망한다면 저 애들의 업은 더욱 깊어질 것이오."

방문 밖에서 외삼촌과 일행선사의 대화를 엿들은 배도는 선사가 돌아간 뒤 외삼촌께 말하였다.

"외삼촌, 저희 형제는 이 집을 떠나렵니다. 허락하여 주십시오."

"가다니? 도대체 어디로 가겠다는 말이냐?"

"아까 일행선사님과 나눈 말씀을 들었습니다. 우

리 형제가 빌어먹을 팔자라면 일찍 빌어먹을 일이지, 외삼촌 집안까지 망하게 할 수는 없는 일 아닙니까? 떠나겠습니다. 허락하여 주십시오."

자꾸만 만류하는 외삼촌을 뿌리치고 배탁과 함께 집을 나온 배도는 거지가 되어 하루하루를 구걸하며 살았다. 어느 날 형제는 머리를 맞대고 상의하였다.

"우리가 이렇게 산다면, 일찍 돌아가신 부모님의 혼령도 편안하지가 못할 것이다. 산으로 들어가 숯을 구워 팔면서 공부도 하고 무술도 익히자."

그들은 산속에 들어가 숯을 구웠고, 틈틈이 글 읽기를 하고 검술도 익혔다. 그리고 넉넉하게 구워 남은 숯들을 다발 다발 묶어, 단정한 글씨로 쓴 편지와 함께 집집마다 나누어 주었다.

"이 숯은 저희들이 정성을 들여 구운 것입니다. 부담 갖지 마시고 마음 놓고 쓰십시오."

하루 이틀, 한 달 두 달…. 이렇게 꾸준히 숯을 보시하자 처음에는 의아하게 생각하던 마을 사람들도 감사하게 생각하였고, 마침내 숯이 도착할 시간이면 '양식에 보태라'며 쌀을 대문 밖에 내어 놓기까지 하였다. 그러나 그들 형제는 먹을 만큼 이상의 양식은 절대로 가져가지 않았다.

"이만하면 충분합니다. 감사합니다."

마침내 두 형제에 대한 소문은 온 고을로 퍼져나 갔고, 그 소문을 듣고 외삼촌이 찾아와 '잠깐만이 라도 좋으니 집으로 들어가자'고 간청하였다. 그 들이 집에 이르자 때마침 일행선사도 오셨는데, 배 도를 보더니 깜짝 놀라는 것이었다.

"애야, 너 정승이 되겠구나."

"스님, 언제는 저희 형제더러 빌어먹겠다고 하시 더니, 오늘은 어찌 정승이 되겠다고 하십니까? 거 짓말 마시오."

"전날에는 너의 얼굴에 거지 팔자가 가득 붙었더 니, 오늘은 정승의 심상心相이 보이는구나. 그동안 무슨 일을 하였느냐?"

배도와 배탁이 그동안의 일을 자세히 말씀드리

자 일행선사는 무릎을 치면서 기뻐하셨다.

"그러면 그렇지! 너희들의 마음가짐이 거지 팔자를 정승 팔자로 바꾸어 놓았구나."

그 뒤 참으로 배도는 정승이 되었고, 동생 배탁은 대장군의 벼슬을 마다하고 황하강의 뱃사공이 되어 오가는 사람을 건네주면서 고매하게 살았다고 한다.

§

내 업은 내가 기꺼이 받는다는 자세로 살았던 배도와 배탁 형제. 가까운 사람에게 폐를 끼치지 않겠다는 마음가짐과 가난한 이웃을 도운 선행이 거지 팔자를 정승 팔자로 **바꾸어** 놓은 것이다.

이처럼, 윤회와 인과를 철저히 믿고 내가 지은 업을 내가 기꺼이 받겠다는 자세로 살아간다면, 어느 누구 할 것 없이 고통을 벗어나 복된 삶을 영위할 수 있는 것이다.

무엇보다 중요한 것은 '지금 이 자리'이다.

'지금 이 자리'에서 우리는 과거에 맺은 업을 푸는 것과 동시에 새로운 업을 만들게 된다. 바로 이 순간에 맺힌 업을 풀고 푼 업을 더욱 원만하게 회향廻向할 수도 있고, 반대로 새로운 악업을 맺어 더 나쁜 상태로 만들어 버릴 수도 있다.

맺느냐? 푸느냐? 이는 오직 지금 이 자리에서 내가 어떻게 하느냐에 달려 있다. 현실의 괴로움과 눈앞의 이익만을 생각하여 모든 것을 상대적인 감정과 자존심으로 해결하려 하면 매듭만 늘어날 뿐이다.

욕심과 불평불만을 비우고 기꺼이 받아라. **기꺼이 받고자 할 때 모든 것은 풀린다.** 매사에 한 생각을 바르게 가져 맺힌 것을 풀어 나가고, 푼 것을 더욱 좋은 인연으로 가꾸어야 한다.

참된 삶, 복된 삶! 그것은 기꺼이 받고자 하는 마음가짐이 결정한다는 사실을 잊지 말아야 한다. 이렇게 인과를 믿고 내가 지은 업을 적극적으로 수용할 때 남과 나 사이에 맺힌 인연의 매듭은 저절로 풀어지고, 행복과 자유와 평화가 충만된 삶이 찾아드는 것이다.

부디 '보이지 않는 업'이라며 이 순간을 함부로 하지 말고, 기꺼이 받겠다는 자세로 멋진 삶을 영위하기 바란다.

나무마하반야바라밀.

복과 인연 가꾸기

복은 누가 주는가

석가모니불의 화신으로 추앙받았던 조선시대 중기의 고승 진묵대사震默大師(1562~1633)는 많은 이적을 남기신 대도인이었다.

스님께는 누이동생이 하나 있었는데, 그 누이의 외동아들은 찢어지도록 가난하게 살고 있었다. 이 조카가 가난을 면하기 위해서는 복을 쌓아야 한다고 생각하신 스님은 7월 칠석날 조카 내외를 찾아가 단단히 일러주었다.

"얘들아, 오늘 밤 자정까지 일곱 개의 밥상을 차리도록 해라. 내 특별히 칠성님들을 모셔다가 복을 지을 수 있도록 해 주마."

진묵스님이 신통력을 지닌 대도인임을 알고 있었던 조카는 '삼촌께서 잘살게 해주리라' 확신하고 열심히 손님 맞이할 준비를 하기 시작했다. 집 안을 깨끗이 청소하고 맛있는 음식을 푸짐하게 장만하여, 마당에다 자리를 펴고 일곱 개의 밥상을 차렸다.

밤 12시 정각이 되자 진묵스님이 일곱 분의 손님을 데리고 집 안으로 들어오는데, 거룩한 모습을 지닌 칠성님은 아니었다. 한 분은 째보요 한 분은 곰보, 또 다른 분들은 절름발이요 곰배팔이요 장님이요 귀머거리들이었다. 거기에다 하나같이 눈가에는 눈곱이 잔뜩 붙어있고 콧물이 줄줄 흐르고 있었다.

'삼촌도 참, 어디서 저런 거지 영감들만 데리고 왔노? 쳇, 덕을 보기는 다 틀려버렸네.'

조카 내외는 기분이 크게 상하여 손님들에게 인사도 하지 않고 부엌으로 들어가서는, 솥뚜껑을 쾅쾅 여닫고 바가지를 서로 부딪치고 깨면서 소란을 피웠다.

이에 진묵스님의 권유로 밥상 앞에 앉았던 칠성님들은 하나, 둘 차례로 일어나 떠나가기 시작했다. 마침내 마지막 칠성님까지 일어서려 하는데, 진묵스님이 붙잡고 사정을 했다.

"철없고 박복한 조카가 아니라, 나를 봐서 한 숟갈이라도 드십시오."

일곱 번째 칠성은 진묵스님의 체면을 보아, 밥 한술을 뜨고 국 한 숟갈을 먹고 반찬 한 젓가락을 집어 드신 다음 떠나갔고, 진묵스님은 조카를 불러 호통을 쳤다.

"에잇, 이 시원치 않은 놈! 어찌 너는 하는 짓마다 그 모양이냐? 내가 너희를 위해 칠성님들을 청하였는데, 손님들 앞에서 그런 패악을 부려 그냥 가시도록 만들어? 도무지 복 지을 인연조차 없다니…."

그리고는 돌아서서 집을 나오다가 한 마디를 더 던졌다.

"그래도 마지막 목성대군이 세 숟갈을 잡수셨기 때문에 앞으로 3년은 잘 살 수 있을 게다."

이튿날 조카는 장에 나갔다가 돼지 한 마리를 헐값에 사 왔는데, 이 돼지가 며칠 지나지 않아 새끼를 열두 마리나 낳았고, 몇 달이 지나자 집안에는 돼지가 가득하게 되었다. 또 돼지들을 팔아 암소를 샀는데, 그 소가 송아지 두 마리를 한꺼번에 낳았다.

이렇게 하여 진묵스님의 조카는 3년 동안 부유하게 살았다. 그런데 만 3년이 되는 날 돼지우리에서 불이 나더니, 불이 소 외양간으로 옮겨붙고 다시 안채로 옮겨붙어, 모든 재산이 사라지고 말았다.

3년의 복이 다하자 다시 박복하기 그지없는 거지 신세로 전락한 것이다.

§

다소는 전설처럼 들릴 수도 있는 이 이야기 속에서 우리는 몇 가지 교훈을 새겨볼 수 있다.

가장 앞서는 것은 복을 구하는 태도이다.

복은 특별한 권능자가 내리는 것이 아니다. 부처님도 하나님도 그 어떠한 신도 무조건 복을 줄 수가 없다.

이 복은 내가 짓고 내가 받는 것이다. 복을 담을 수 있는 마음가짐이 갖추어져 있고, 또 정성을 다하면 저절로 다가오게 되어 있는 것이다.

하지만 칠성님이 오신다기에 열심히 음식을 준비했던 진묵스님 조카의 마음은 성심誠心이 아니라 '기대 심리'였고, 상대가 거룩하지 않게 보이자 기대심리가 와르르 무너지면서 기분마저 상하여, 칠성들을 쫓는 박복한 짓을 저지르고 말았다.

이러한 짓은 진묵스님 조카만 저지르는 것이 아니다. 우리들 중에서도 이렇게 처신하는 사람들이 많다.

어찌 이익에 집착하여 눈앞의 모습을 보며 기분 따라 움직이는 자가 큰 복을 담을 수 있으랴.

또 한 가지, 모든 **복에**는 정해진 **수명이** 있다. 복이 다하면 기울기 마련인 것이다. 이를 부처님께서는 '하늘로 쏘아 올린 화살'에 비유하셨다.

하늘로 쏘아 올린 화살이 올라가고 있을 때는 기세도 좋고 보기도 좋지만, 그 힘이 다하면 반드시 떨어지게 되어 있는 것이다. 이것을 잘 알아서 우리도 올라가고 있을 때 인연을 소중히 하고 복을 닦아야 한다.

요즈음 우리는 부자로 지내던 사람이 일순간에 파산하는 경우를 많이 접하게 된다. 실로 안타까운 사연도 많지만, 인연법에서 보면 부자로 살 연이 다하여 그렇게 되는 것이다.

재물만이 아니다. 명예도 권력도 수명도 인연이 다하면 하루아침에 사라지게 된다.

이 나라에 찾아왔던 IMF 사태나 경제한파 등도 마찬가지이다. 모두가 인과응보이다. 사치·낭비·거품·정직하지 못한 삶…. 참으로 인연법을 잊은 채 살았기 때문에 도래한 결과인 것이다.

그러므로 우리는 다시금 마음을 다잡아야 한다. **인연법으로** 마음을 다잡아야 한다.

모든 것은 인연이다. 인연이기 때문에 끊임없이 변화할 수 있고, 인연이기 때문에 달라질 수 있다. 인연이기 때문에 또다시 바뀔 수가 있는 것이다.

인연법에 따라 복을 닦아라

그럼 현실을 보다 좋은 쪽으로 바꾸기 위해서는 어떻게 해야 하는가?

인연을 가꾸어야 한다.

지금 우리들에게 주어진 여러 가지 환경, 곧 연緣이 어려운 상황에 놓여 있을지라도, 우리의 굳건한 마음가짐과 자세[因]로 열심히 노력하면[業] 또다시 좋은 결실[果]을 거둘 수 있는 것이다.

좋은 현실[緣] 속에서도 교만하지 않고, 나쁜 현실 속에서도 좌절하지 않는 사람. 그 사람이야말로 인연법을 따르는 참다운 불자이다.

누구든지 세상을 살다 보면 좋은 바람을 만날 때도 있고 나쁜 바람을 만날 때도 있다. 기쁨의 바람에 감싸일 때도 있고 슬픔의 바람이 불어닥칠 때도 있다.

하지만 어떠한 바람이 휘몰아쳐 올지라도 흔들리지 않아야 한다. '모든 것이 내 하기에 달렸다'는 것을 확고히 믿고, 바람 따라 흔들려서는 안 된다. 괴로움과 즐거움, 얻고 잃는 모든 것을 '인연이 그러하기 때문'이라 받아들이고, 흔들림 없이 살면 크게 향상을 한다.

흔들림 없이 인연에 순응하며 복을 닦아라. 복을 닦는 자에게는 반드시 복이 깃든다.

그럼 어디에다 복의 씨를 심을 것인가? 복전福田에다 복을 심으면 된다.

우리들 모두는 복전福田을 가지고 있다. 밭에다

씨앗을 심으면 온갖 작물이 풍성하게 자라나듯이,
마음의 밭에 선행의 씨를 심으면 복이 가득해진다.

세상의 복에는 여러 가지가 있다.
글을 잘하는 사람은 문복文福
돈이 많은 사람은 재복財福
장가를 잘 간 사람은 처복妻福
남편을 잘 만난 사람은 남편복男便福
아들딸 덕에 기쁨을 누리는 사람은 자식복子息福
음식 잘 먹는 사람은 식복食福
이 밖에도 온갖 종류의 복들이 우리들 주위에 가
득히 널려 있다.
형제복·친구복·관복, 오래 사는 수명복, 심지어
는 이빨이 좋은 치복齒福까지 있다. 이 모두가 우
리가 갖고 있는 복전에다 바른 생각의 씨를 심고
바른말과 바른 행동으로 복업福業을 지은 결실들
이다.
그리고 많고 많은 복밭 중 특별히 부처님께서

가꿀 것을 권장한 '팔복전八福田'이 있다.

① 물이 없는 곳에 샘을 파서 먹을 물을 공급하라.

② 물 깊은 곳에 다리를 놓아 쉽게 건너갈 수 있게 하라.

③ 험한 길을 잘 닦아 오가는 데 불편이 없도록 하라.

④ 부모에게 효도하고 잘 봉양하라.

⑤ 불·법·승 삼보를 공경하고 공양하라.

⑥ 병든 이를 잘 돌보고 구휼하라.

⑦ 가난한 사람들을 구제하고 도와주라.

⑧ 법회를 열거나 법보시를 행하여 불법을 널리 펴라.

이 여덟 가지는 모두 큰 복을 짓는 일들이다.

지금 우리나라에서는 이들 중 앞의 셋은 공공사업을 통하여 이루어지고 있으므로, 개인적으로는 ④에서 ⑧까지를 실천하는 것이 바람직하다.

이 밖에도 우리가 닦을 수 있는 복은 많다. 마음을 넉넉하게 쓰는 일로부터 남을 살리고자 하는 한 생각, 형편 따라 능력 따라 어려운 사람을 도와

주고 베푸는 것 모두가 복업이 된다.

세상의 원리는 간단하다. 복을 지어야 복이 온
다. 내가 복을 지으면 나에게로 모두 돌아온다.

그리고 한 걸음 더 나아가, '나'를 위해 복을 닦
고 복을 모으는 것이 아니라, 그 복이 누구에게 가
든 상관하지 않고 인연 따라 묵묵히 복업을 지어
보라.

그 복은 마침내 '오심지복悟心之福(참 마음을 깨닫
는 복)'을 이루어, 자유와 행복과 영원함을 남김없
이 갖춘 대해탈의 열매를 거둘 수 있게 한다.

'나'의 마음밭에다 내가 어떤 씨를 심는가 하는
것은 '나'의 자유이다.

부디 아무런 씨나 함부로 심지 말고, 인연법과 인
과법을 잘 깨우쳐서, 인연에 순응하고 흔들림 없는
자세로 우리의 마음밭에 행복의 씨를 심어 보자.

그리고 약간은 손해 보는 듯이 바보스럽게 복밭

을 갈고 복업을 지어가자. 그렇게 살면 참된 보살
이 되고 한량없는 복을 수용할 수 있게 되나니….
　나무마하반야바라밀.

제2장

불법 속의 행복한 불자

불타는 집에서 벗어나려면

마음대로 되지 않는 인생

행복하게 살고자 하고, 편안하고 명쾌한 삶을 누리고자 하는 것은 모든 인간의 바람이다.

그러나 이와 같은 바람은 쉽게 이루어지지 않는다. 삶 속에서 부딪히는 갖가지 사건들이 '나'를 편안하게 내버려 두지 않고 명쾌하게 살도록 놓아 두지 않기 때문에, '마음대로 되지 않는 인생'을 살 수밖에 없는 것이다.

왜 우리는 마음대로 하지 못하고 사는 것일까?

앞에서 계속 이야기하였듯이, 그 까닭은 업業 때문이다. '나' 자신의 생각[意]과 말[口]과 몸[身]으로, 알게 모르게 지은 좋지 않은 업이 '나'를 얽어

매어 부자유스럽게 만들고 있기 때문이다.

그럼 생각과 말과 몸으로 짓는 **나쁜 업은 무엇에서 비롯되는가?**

모두가 '나에 대한 사랑' 때문에 생겨난다. '나'를 너무 사랑한 나머지, 나에게 맞으면 탐심을 내고[貪], 나에게 맞지 않으면 성을 내며[嗔], 나에게 너무 집착하다 보니 있는 순리를 벗어나는 삿된 생각들을 일으킨다[痴]. 나아가 수만 가지 번뇌와 나쁜 말, 심지어는 나쁜 행동까지 거침없이 저지른다.

결국 따지고 보면, '내 마음대로 되지 않는 인생'이라며 근심걱정하고 괴로워하고 짜증을 내면서 살게 되는 까닭은 오로지 '나에 대한 사랑'에서 비롯된 것이다.

그렇다고 하여 근심걱정과 고통을 좋아하는 사람은 없다. 비록 '나'로 말미암아 생겨난 번뇌요 고통이지만, 번뇌와 고통 속에서 살기를 바라는 사람은 아무도 없다. 벗어나려 해도 벗어날 수 없기 때문에 마지못해 그 속에서 살아갈 뿐이다.

누구라도 좋다. 누구든지 자신이 이러한 상태에 빠져 있다고 생각되면, 무엇보다 먼저 인생에 대해 솔직히 되돌아보아야 한다.

인생! 우리의 삶이란 어떠한 것인가? 인생은 자기 사랑의 꿈속에서 사는 것이나 다를 바가 없다. 스스로가 만든 번뇌라는 이름의 꿈을 벗어나지 못하여, 세세생생世世生生토록 선과 악을 짓고 그 과보에 휘말려서 생사의 세계를 윤회하고 있다.

나서는 늙고, 늙어서는 병들고, 필경에는 죽고 거듭 태어나 또다시 죽는 무상한 삶. 이것이 인생이다. 그리고 번뇌의 꿈속에서 한없는 고통을 받으면서도 깨어날 줄 모르는 허망한 존재가 중생인 것이다.

그러나 인생이 꿈이라고 하여 실망할 일은 아니다. 바로 이 '꿈'이라는 단어 속에 행복과 평화로운 삶의 비결이 간직되어 있기 때문이다. 곧 꿈과 같이 무상하고 허망한 것이 인생임을 깨달을 때, 새롭게 눈을 떠서 꿈을 깬 삶을 살 수 있게 되는 것이다.

잠시 되돌아보라. 인생을 한바탕의 꿈으로 생각하며 살고 있는지를? 만약 그렇다면 진정한 자유와 행복을 어렵지 않게 얻을 수가 있다.

하지만 대부분의 사람은 그렇지가 않다. 오히려 그 반대일 뿐 아니라, 꿈속이라도 좋으니 부귀영화를 마음껏 누리면서 살아보았으면 한다.

가만히 주변을 둘러보면 한평생을 꿈속에 갇혀사는 이들이 너무나 많다. 꿈처럼 허망한 일에 자신을 완전히 내맡긴 채 살아가고 있는 이들이 많다.

그러나 인생은 공수래공수거空手來空手去이다. 빈

손으로 왔다가 마침내 빈손으로 가는 인생이거늘, '나에 대한 사랑'과 헛된 욕심을 충족시키기 위해 끊임없이 허망한 꿈을 꾸며 살아본들 별수가 있는가?

좀 더 잘살아 보겠다며 돈·명예·권력·향락을 찾아 앞으로 앞으로만 나아가지 말고, 해가 서산으로 기울고 있다는 사실과 무상無常의 살귀殺鬼가 저 앞에서 입을 벌리고 있다는 사실을 기억할 줄 알아야 한다. 그리고 스스로의 삶이 깨고 나면 흔적도 없는 꿈속의 삶이 아닌지를 돌아볼 줄 알아야 한다.

그럼 꿈같은 삶에서 깨어나 편안하고 자유로운 삶을 이루기 위해서는 어떻게 해야 하는가? 먼저 우리가 처해 있는 현실을 냉혹히 돌아보아야 한다. 지금 어떠한 환경에서 살고 있으며, '내가 그토록 사랑하는 나'는 과연 어떠한 존재인지를 돌아보아야 한다.

애착이 불이 되어

부처님께서는 우리가 살고 있는 이 세상, 이 환경을 화택火宅이라고 하셨다. 불타는 집인 화택!

사람들은 바라던 일이 뜻과 같이 되지 않을 때 '아이구, 속 탄다', '속에서 천불이 난다'는 표현을 많이 쓴다. 그러나 이 불은 밖으로부터 온 것이 아니다. 스스로가 일으킨 불길이다.

일찍이 부처님께서는 가야산에서 다음과 같은 '불의 법문'을 설하셨다.

"모든 것이 불타고 있다. 눈이 불타고 있다. 눈에 비치는 형상이 불타고 있다. 형상을 받아들이는 마음이 불타고 있다.

어떤 불에 의해 타고 있는가? 탐욕[貪]의 불, 분노[瞋]의 불, 어리석음[癡]의 불에 의해 타고 있다.

이와 같은 불길들이 왜 일어났는가? '나' 스스로가 일으킨 망상이 부싯돌이 되고 불씨가 되어, 어리석음의 검은 연기를 피워 올리고 탐욕과 분노의 불길을 일으킨 것이다.

이 불길은 점점 세차게 타올라 나와 중생을 집어삼키고 나와 중생을 태운다.

중생들 모두가 탐욕과 분노와 어리석음이라는 세 가지 독(三毒)의 거센 불길로 인해 나고 늙고 병들어 죽는 세계를 윤회하게 되고, 근심과 슬픔과 고통과 번민 속에서 헤어나지 못하고 있다.

탐욕과 분노와 어리석음의 세 가지 불길이 거세게 타오르는 것은 오직 '나에 대한 애착' 때문이니, 세 가지 불을 멸滅하고자 한다면 무엇보다 먼저 '나에 대한 애착'을 끊어버려야 한다.

나에 대한 애착을 끊을 수 있게 되면 세 가지 불길은 스스로 꺼지고, 윤회의 수레바퀴는 저절로 멈추며, 모든 괴로움은 자취 없이 사라진다.

삼독의 불길은 너희들 안에서 타고 있다. 이것을 빨리 멸하지 않으면 안 된다. 주의 깊게 닦아라. 주의 깊게 닦아 하루빨리 삼독의 불길을 멸하여야 한다."

우리 안에서 타오르는 탐·진·치 삼독의 불길. 그 불길이 세상에서 가장 사랑하는 '나'를 태우고, 그 불로 나의 속을 볶고 끓이고 썩힌다. 나뿐만이 아니다. 내 주위의 가까운 사람들까지 불태워 버린다. 그야말로 불의 집 속에서 살아가는 우리들….

하지만 집이 불타고 있어 언제 죽게 될지조차 가늠할 수 없는데도, 우리는 그 집 속에서 무엇인가를 하기에 바쁘다. 만약 이 불이 '나'를 태우고 우리를 태워 죽인다는 사실을 분명히 안다면, 누가 그 무서운 불길을 일으키려고 하겠는가?

확실히 알지 못하기 때문에, 일어나는 탐·진·치 삼독의 불길을 끌 생각을 하지 않는다. 불의 무서움을 잊은 채 자기들의 놀이에만 몰두할 뿐, 불을 끌 생각도 하지 않고 불타는 집 밖으로 나가려고 하지도 않는다.

그냥 그냥 불타는 집에서 정신없이 살다가 불에 타서 죽고, 또다시 불타는 집에 태어나 죽고 또 죽고…. 이것이 윤회하는 중생의 모습이다.

적어도 우리 불자들은 현재 우리가 살고 있는 환경이 화택火宅이라는 것을 자각하여, 불타는 집을 벗어나고자 하거나 불을 끄고자 노력하여야 한다.

알고 노력하면 능히 벗어날 수 있는 곳! 그곳이 우리가 몸을 담고 있는 불타는 집, 화택인 것이다.

그럼 이 불타는 집에서는 어떻게 살아야 하는가? 어떻게 살아야 평화와 자유를 누리며 살 수 있는가?

그 방법은 참으로 간단하다. 애착을 비우고 소유욕을 비우는 것이다. 처음부터 쉽게 되지는 않겠지만, 조금씩 조금씩 무소유無所有의 정신을 기르고 이기심을 내려놓으며 살아야 한다.

인간의 모든 괴로움은 '나에 대한 사랑'과 '나의 것으로 만들려는 이기심'에서부터 시작된다. 곧 이기심으로 구求하고, 나의 이기심을 만족시키고자 하면 괴로움이 뒤따르는 것이다.

그런데도 인간은 끊임없이 구하고 더욱 많이 소유하고자 한다. 사람도 내 사람, 물질도 나의 것으로 만들고자 한다. 모든 것을 '나' 쪽으로 끌어당기고자 한다.

조그마한 틈만 있으면 탐착貪着하여, 구하고 소유하고 이루고자 하지만, 결과는 전혀 엉뚱한 데로 귀착하는 경우가 허다하다. 뿐만이 아니다. 구하는 것이 크면 클수록, 탐하는 것이 많으면 많을수록 괴로움도 크게 돌아오는 법이다.

왜 뻔한 결과를 직시하지 못하고 스스로의 몸과 마음을 괴롭히며 살아가는가?

지혜롭게 사는 사람들을 보라. '하늘은 자기 먹을 것 없는 사람을 내어놓는 법이 없고, 땅은 이름 없는 풀을 자라나게 하지 않는다[天不生無錄之人 地不長無名之草].'는 이치를 그들은 알고 있다. 누구든지 분수를 따라 먹고 살게 되어 있다는 것을 잘 알고 있다.

아등바등 산다고 하여 더 잘 살 수 있는 것도 아니요 더 행복해질 수 있는 것도 아니라는 것은 우리도 잘 알고 있지 않은가?

지혜로운 사람…. 지혜롭다는 것이 무엇인가?

한 생각 잘 돌이켜 탐착을 벗어버리는 것이 지혜이다. 흔히 말하는 부자들은 세상 돈을 모두 '나'의 것으로 만들어도 만족하지 못하지만, 지혜로운 사람은 '먹고 쓰고 남은 것은 다 남의 것'이라고 생각한다.

먹을 만큼 먹고 쓸 만큼 쓰면 그뿐, 더 이상 탐착할 까닭이 없다. 오는 것을 애써 막으려 할 것도 없고 가는 것을 굳이 잡으려 하지도 않는다. 애써 구하려는 생각이나 소유하려는 생각 없이, 인연 따라 마음을 편안히 하며 살아가는 것이다.

꼭 알고 있기 바란다.

행복은 '아등바등'을 좋아하지 않는다. 오히려 마음을 편안히 하고 있으면 행복이 더 크게 다가온다. 자유도 마찬가지요 부귀 또한 마찬가지이다.

'나'에게 필요한 것은 꼭 나에게로 오도록 되어 있다. 참으로 행복하고 자유롭고 부귀를 누리고자 한다면 마음을 편안하게 하라. 마음을 편안하게 하여 탐착을 버리고 본분을 지키며 살면, 꼭 필요하고 좋은 것들은 저절로 찾아든다.

모름지기 눈길 닿는 것마다 몸이 가는 곳마다 탐착하는 삶이 아니라, 근본을 돌아보고 본분을 다하는 삶을 살아 보라. 그렇게만 하면 행복과 자유와 부귀가 저절로 함께하게 된다.

지금의 현실과 시절이 어렵다고 하여 결코 방황을 하거나 포기하지 말라. 어려운 때일수록 마음을 가다듬고 욕심을 비우며 정법正法으로 살아야 한다. 더욱더욱 기도하고 참선하고 좋은 글들을 읽으면서, 스스로의 마음을 고요하게 만들어야 한다.

한번 용기를 내어 탐착심을 떠난 삶을 살아 보라. 차츰 마음이 고요해지면서 괴로움과 불행이 사라지면서 자유와 행복이 깃들게 된다.

하찮은 듯한 이 말이, 물질 만능의 자본주의 이념과는 정반대 편에 있는 이 무소유의 가르침이, 꿈을 깨우고 불을 끄고 몸과 마음을 다스리는 비결이 된다.

바라건대 우리 모두가, '나는 오직 만족할 줄 안다'는 '오유지족吾唯知足'을 되새기며 이기심과 탐착심을 조금씩 내려놓아서, 어려운 시절을 슬기롭게 극복하여 복되고 편안하고 자유로운 삶을 영위하기를 두손 모아 축원드린다.

나무마하반야바라밀.

불자여, 불법 속에서 살자

불법이 무엇인가?

불자佛子는 부처님의 아들딸이요 부처님의 제자이다. 그러므로, 불자라면 마땅히 부처님께서 설하신 불법佛法 속에서 살아가야 하고, 불법 속에서 살면 복과 덕을 함께 갖추신 부처님의 아들딸답게 잘 살 수가 있을 뿐 아니라, 향상된 삶을 이룰 수가 있다.

그러나 수많은 불자들 중에 '불법이 무엇인지'를 정확히 아는 이는 흔치가 않다. 불법! 과연 부처님께서 설하신 법이란 무엇인가?

불법의 법法을 범어로는 다르마Dharma라고 한다. 이 범어 '다르마'라는 말속에는 '그렇게 되게끔 되어 있는 것', '그렇게 있게끔 되어 있는 것'이라는 뜻이 담겨 있다. 지금 우리가 이렇게 있는 까닭, 이 사회가 이렇게 된 까닭, 세계가 이렇게 있는 까닭이 분명히 있다는 것이다.

그것이 앞에서도 이야기한 인연법因緣法·인과법因果法이다. 인因(원인)과 연緣(환경)과 업業(행위)와 과果(결과)의 네 글자로 구성된 인연법·인과법이다.

이를 농사 짓는 일에 비유하여 보자.

인因은 씨앗이요, 연緣은 땅과 기후 등의 환경이며, 업業은 뿌린 씨앗이 결실을 볼 때까지 가꾸는 행위이다. 이렇게 인과 연과 업이 어떻게 모이느냐에 따라, 각기 다른 수확의 과果를 거두게 된다.

씨가 좋고 환경이 좋고 농사를 잘 지었으면 수확이 좋기 마련이요, 나쁜 씨를 나쁜 밭에 뿌리고 가꾸는 일을 게을리하였다면 수확이 나쁜 것은 정한 이치이다. 심은 대로 거두고 지은 대로 받게 되는 것이니, 이것이 바로 '그렇게 되게끔 되어 있는 법法'인 것이다.

우리의 삶 또한 마찬가지이다. 이 법칙에서 조금도 벗어나지 않는다.

탐욕과 분노와 어리석음에 사로잡힌 삶이 계속되면 지옥·아귀·축생의 세계라는 삼악도三惡道의 생존 속으로 빠져들기 마련이요, 보시·지계·인욕 등의 좋은 일을 많이 하면 보다 향상된 세계로 나아가며, 선정을 깊이 닦아 지혜가 열리면 부처의 경지를 향해 나아가게 된다.

여기서 우리는 한 가지 사실에 주목을 해야 한다.

그것은 존재의 법칙, 곧 인과법이 '인·연·업·과'라는 네 글자의 순서대로 단순하게만 전개되는 것이 아니라는 사실이다. 인·연·업·과는 일직선 위에 놓여 있는 것이 아니라, 매우 복합적으로 구성되어 있다.

쉽게 '지금 이 시간'을 두고 이야기해 보자.

항상 우리에게 다가오는 '지금 이 시간'은 바로 과보의 순간이면서 새로운 인因(씨)을 심는 순간이다. 동시에 '지금 이 시간'은 또 다른 인의 연緣(환경)이 되기도 하고, 업을 맺는 순간이 되기도 한다. 곧 '지금 이 시간'은 바로 '인·연·업·과'를 동시에 맺고 푸는 자리이다.

이와 같이 매우 복잡하고 수많은 인·연·업·과들에 의해 지금의 내가 존재하게 되고, 그 흐름들이 이어져서 끊임없이 변화하는 '나'의 모습을 나타내게 된다.

지금의 마음가짐이 중요하다

따라서 우리는 지금 이 자리에서 '내 마음'을 잘 거두어 잡아야 한다. 지금의 내 마음을 방치하느냐, 거두어 잡느냐, 그리고 어떻게 거두어 잡느냐에 따라 모든 것이 변하게 된다.

지금 이 시간의 한 마음이 행복과 불행, 극락과 지옥을 여는 씨앗이 되는 것이다.

❁

옛날 백은白隱스님께 한 무사가 찾아와서 여쭈었다.

"스님, 극락과 지옥이 정말로 있습니까?"

"당신, 무엇을 하는 사람이요?"

"예, 저는 무사입니다."

"하하! 당신이 무사라고? 도대체 당신 같은 사람의 호위를 필요로 하는 사람이 누구인지 궁금하군. 머저리같이 생긴 놈에게 생명을 맡기다니!"

모욕을 느낀 무사의 손이 허리에 찬 칼로 옮겨갔지만 백은스님은 계속 비웃었다.

"그래, 칼은 가졌군. 내 목을 자르기에는 그 칼이 너무 무딜걸?"

무사가 더 이상 참지 못하고 칼을 뽑아 들었을 때, 스님은 조금도 동요됨이 없이 입을 열었다.

"지옥의 문이 열렸구나."

이 말을 듣는 순간에 깊은 전율을 느낀 무사는 칼을 다시 꽂고 무릎을 꿇었다. 그때 스님이 말씀하셨다.

"극락의 문이 열렸구나."

❀

부잣집의 한 노파가 이웃 절의 부처님전에 불공을 올리며 축원을 하였다.

"부처님, 저는 이미 살 만큼 살았습니다. 언제라도 데려가 주옵소서. 나무아미타불…"

노파는 매일같이 절을 찾아가서 입버릇처럼 죽음에 관한 축원을 하였고, 그 절의 동자승은 노파의 이 축원을 자주 듣게 되었다. 어느 날 동자승은 짓궂은 생각을 하게 되었다.

'오늘 노파가 오면 불상 뒤에 숨었다가 골려주어야지.'

그날도 노파는 불공을 드리고 끝맺음의 축원을

하였다.

"부처님, 저는 이미 살 만큼 살았습니다. 언제라도 데려가 주십시오. 나무아미타불…."

그때 불상 뒤에 숨어 있던 동자승이 목소리를 가다듬고 위엄있게 말하였다.

"그토록 원한다면 내 오늘 데려가마."

이 말을 듣는 순간 노파는 그 자리에서 죽고 말았다.

§

이 두 편의 이야기는 '모든 것이 내 마음가짐에서 출발한다'는 것을 일러주고 있다.

극락의 문은 누가 여는가? 불보살이 열어주는가? 아니다. 내가 여는 것이다.

지옥의 문은 누가 여는가? 염라대왕이 열어주는 것인가? 아니다. 내가 여는 것이다.

스스로 한 마음을 잘 써서 극락의 씨를 심으면 극락이 가깝고, 마음을 그릇되이 써서 탐욕에 빠지고 분노에 휩싸이게 되면 지옥의 칼산과 불길을 만들게 된다.

평소의 마음가짐 또한 마찬가지이다. 우리가 평소에 축원을 하면 그 축원 **따라 인생이 펼쳐지기 마련이다.**

죽음과 관련된 축원을 올린 노파가 동자승의 음성을 듣고 죽은 이유가 무엇인가? 동자승의 음성에 특별한 힘이 있었기 때문인가?

아니다. 노파의 평소 축원, 그 염력念力이 그렇게 만든 것이다. 마음에 심은 씨대로 나아간 것일 뿐이다.

그렇게 되게끔 되어 있는 법! 이 법 속에 사는 우리는 지금 이 순간을 잘 가꾸어야 한다. **지금 이 순간에 마음 한번 잘 쓰면** 얼마든지 인생을 바꿀 수 있고 향상의 세계로 나아갈 수 있다.

이제까지는 비록 탐욕과 분노와 어리석음 속에서 살았을지라도, '지금 이 자리에서' 마음을 잘 쓰고 깊은 신심으로 참회하며 업장을 녹이면, 새로운 모습으로 탈바꿈하여 행복을 누릴 수 있고, 마침내는 부처를 이룰 수 있게 되는 것이다.

정녕 중요한 것은 지금의 마음가짐이다. 하지만 나약한 중생은 자기의 마음을 잘 제어하지 못한다. 마음을 잘 조절하여 살기보다는, 부딪히는 바깥 경계를 좇아 흘러가고 방황하기 일쑤이다.

그러므로 중생들에게는 마음을 잘 제어하고 조절해 줄 '법'이 필요하다. 지금 이 순간의 내 마음을 잘 쓸 수 있도록 이끌어 주는 가르침이 필요한 것이다.

그 가르침이 무엇인가?

바로 불법佛法이다. 어둡고 출렁이는 고해苦海의 물결 속에서 허우적거리는 중생을 불쌍히 여긴 부처님께서, 밝고 행복하고 평온한 세계로 나아갈 수 있는 길을 일러주신 것이 불법인 것이다.

삼법인三法印 · 사제四諦 · 팔정도八正道 · 육바라밀
六波羅蜜 · 사무량심四無量心 · 사섭법四攝法, 그리고
참선 · 염불 · 주력 · 경전공부 등등⋯⋯.

이렇게 부처님께서는 중생의 근기에 맞게 많은
법을 일러주셨다. 그리고 우리 불자들은 이러한 불
법을 닦고 익힌다. 형편 따라 능력 따라 나에게 맞
는 불법을 선택하여 수행하는 것이다. 불법수행⋯.

하지만 불법수행은 특별한 것이 아니다. 특별한
무엇을 구하는 것도, 특별한 무엇을 찾는 것도 아
니다. 마음을 열고 마음을 청정하게 하는 것! 그
것이 불법수행이다.

스스로의 닫힌 마음을 열어 진리와 하나가 되고,
내 마음을 청정하게 하여 다른 사람들까지 함께
깨어나도록 하는 것이 불법수행이다. 곧 불법수행
은 심법수행心法修行인 것이다.

심법수행! 이 '심법心法'이라는 말속에는 내 마음

이 바로 그렇게 되게끔 되어 있는 법法이요, 내 마음
이 청정하면 모든 것이 다 청정해진다는 뜻이 내포
되어 있다. 일찍이 부처님께서는 이렇게 설하셨다.

맑고 깨끗한 불국토를 원하거든
스스로 그 마음을 깨끗이 하라
마음이 맑고 깨끗해짐에 따라
불국토도 맑고 깨끗해지느니라

欲淨佛土　　욕정불토
當淨其心　　당정기심
隨其心淨　　수기심정
卽佛土淨　　즉불토정　　　　　　　　　〈유마경〉

일심이 청정하면 일신이 청정하고
일신이 청정하면 다신이 청정하며
나아가 시방 중생의 원각이 청정하여지느니라

〈원각경〉

이러한 부처님의 말씀을 통하여 능히 짐작할 수 있듯이, 불법수행은 '나'의 한 마음[一心]을 여는 심법수행이다. '나'의 마음을 청정하게 만드는 심법수행이다.

이 심법수행을 통하여 '나'의 마음이 청정하여질 때 우리의 가족도 이웃도 중생도 국토도 청정하여지는 것이다.

부디 이를 깊이 명심하여 내 마음을 밝히면서, 지금 이 시간 속의 인·연·업·과를 가꾸고 불법 속에서 사는 참 불자가 되기를 간곡히 권청드린다.

나무마하반야바라밀.

밖을 향해 찾지 말라

이 세상에서 내가 가장 사랑하는 '나'를 찾고 깨어나게 하는 심법수행心法修行.

그에 대한 부처님의 가르침은 수없이 많다. 중생의 그릇에 따라, 병에 따라 약을 주고 가르쳤기 때문이다.

그러나 수많은 가르침 속에 한결같이 흐르고 있는 하나의 핵심이 있다. 그 핵심은 이것이다.

'밖을 향해서 찾지 말라.
늘 스스로를 돌아보아라.
마음을 허공처럼 맑게 하라.'

밖에서 찾지 말자

먼저 첫 번째 명제인 '밖을 향해서 찾지 말라'부터 살펴보자.

왜 밖에서 찾지 말라고 했는가? 우리의 불행과 슬픔과 괴로움이 밖에서 구하고, 밖으로 찾아다니는 삶에 의해 생겨나는 것이기 때문이다.

우리는 내가 가지고 있는 눈·귀·코·혀·몸·뜻(육근)으로 바깥 대상인 색·소리·향기·맛·촉감·법(육진)을 접하며 살아가고 있다.

이 육근과 육진이 마주할 때 우리의 마음에는 동요가 일어난다. 먼저 대상을 보면서 좋다·나쁘다·상관없다는 생각에 빠져들고, 이어서 좋으면 즐거워하고 나쁘면 괴로워하고 나와 무관하면 잊어버린다.

그런데 그다음이 문제이다. 좋고 즐거우면 취하고자 하는 욕심을 일으키고, 나쁘고 괴로우면 미워하고 성을 낸다. 그리고 이 **탐욕과 분노의 삶을**

살아가면서 뜻과 같이 되지 않으면 근심하고 슬퍼하고 괴로워하는 것이다.

그런데 묘한 것이 있다.

이러한 근심과 괴로움의 상황 속에서 오히려,

① 무상한 몸뚱이를 진짜 주인공으로 생각하고

② 보고 듣고 향기 맡는 등의 생활을 진짜 삶으로 생각하여

③ 이 몸을 위하고 내 주변을 가꾸기 위해 온갖 노력을 기울인다는 것이며

④ 지금 현재 보이고 들리는 것들에만 집착을 하고 산다는 것이다.

그리고는 눈에 보이고 귀에 들리는 등의 대상들에 집착하면서 점점 더 그릇된 길로 빠져들기 시작한다. 남보다 못지않은 내 몸이기를, 지금의 젊음이 한순간이나마 더 유지되기를, 잘 먹고 잘 즐기며 오래오래 살기를 염원한다.

번뇌와 집착으로 스스로가 만들어 낸 고통들을

받아들이기는커녕, 끊임없이 행복만을 추구하며 살아간다. 그러다가 피하고만 싶은 고난이 당도하게 되면 무조건 당하고 무조건 받아들이면서 살아갈 뿐이다.

이렇게 된 까닭이 무엇일까? 야운스님의 『자경문』에서는 이렇게 밝히고 있다.

"그대가 시작 없는 옛적부터 금생에 이르기까지 배각합진背覺合塵하여 어리석음에 빠졌기 때문이다."

'배각합진'의 각覺은 나의 참된 마음자리를 가리킨다. 나의 근본 마음자리가 각이요, 내 마음의 본래 청정한 자리가 각이다. 바꾸어 말하면 각覺은 부처이다. 나의 자성불自性佛, 내 스스로에게 갖추어져 있는 자성불이 각인 것이다.

그런데 우리는 스스로가 갖추고 있는 자성불, 나에게 갖추어져 있는 부처님 자리를 등져버린 채,

색·소리·향기·맛 등의 육진, 결코 나의 주인이 될 수 없는 객진번뇌客塵煩惱를 좇아 흘러 다니고 있다.

이렇듯 참된 주인공인 마음자리를 등지고 무수한 번뇌들을 주인으로 삼아 노예처럼 살고 있으니, 어찌 자유가 있겠으며 괴롭지 않을 수 있겠는가?

스스로를 돌아보자

그래서 부처님과 스승님들께서는 두 번째 가르침을 주셨다.

'늘 스스로를 돌아보아라.'

❀

중국 송나라 초기, 단구丹丘의 서암瑞巖에 살았던 서암사언瑞巖師彦(850~910)스님은 날마다 마루에 걸터앉아 먼 산을 바라보면서 자문자답하였다.

"주인공아!"

"예."

"정신 차려라〔惺惺着〕."

"예."

"뒷날에도 남에게 속지 말아라."

"예."

§

서암스님은 이렇게 스스로를 돌아보았다.

서암스님이 매일같이 부르고 답한 주인공. 이 주인공은 우리가 본래부터 지니고 있었던 근본 마음자리이며, 우리들이 부모의 태중胎中에 들어가기 전의 참된 모습이다.

우리는 이 주인공과 늘 함께 살아왔고, 지금도 이 주인공과 함께 살고 있다. 이 주인공은 우리를 잠시도 떠난 때가 없었다.

그러나 우리는 이 주인공을 잊은 채 살아가고 있으며, 잊고 살기에 참된 주인공인 마음자리를 돌아보려고 하지 않는다.

이제 우리는 헛된 집착에서 벗어나 진짜 주인공과 함께해야 한다.

그 방법이 무엇인가?

밖으로 밖으로 향하는 마음을 속으로 속으로 되돌리는 것이다.

반조返照. 되돌아 비추어 보는 것이다.

내조內照. 안으로 비추어 보는 것이다.

지금까지 보이고 들리는 바깥 대상들을 쫓아다녔던 것을 안으로 되돌려서, 보고 듣고 괴롭고 즐거움을 느끼고 아는 참된 주인공, 한순간도 나를 떠나지 않았던 주인공을 찾고자 하고, 반드시 찾겠다는 결심을 해야만 한다.

마음을 허공처럼 맑게 하자

그럼 주인공을 찾겠다는 결심이 끝났으면 어떻게 해야 하는가? 세 번째 명제인 '마음을 허공처럼 맑게 해야' 하는데, 이렇게 하려면 '비움'이 꼭 있어야 한다.

지금 빠져있는 육진六塵에 대한 집착을 **비워버리**
는 것이다. 내 스스로가 만든 집착을 **놓아버리라**
는 것이다.

이 집착과 비움과 버림을 한 글자로 표현하면
'공空'이다. 과거의 부처님과 수많은 조사祖師들께
서 하나같이 이 속에서 도를 이루었다고 하는 그
공문空門이다.

그럼 공문은 무엇인가? 공문은 불문佛門이다. 부
처님의 세계로 들어가는 관문關門이 공문이다.

우리나라 사찰에는 기둥을 일렬로 세우고 문짝
을 달지 않은 일주문一柱門이 있는데, 이 일주문은
불문이 공문임을 나타내어 주고 있다.

문짝이 달려 있지 않기 때문에 일주문은 누구나
자유롭게 출입할 수 있다. 가난한 사람, 부유한 사
람, 죄 많은 사람, 깨끗한 사람을 구분하지 않는
다.

들어오고자 하는 사람은 누구든지 들어올 수 있고, 나가고자 하는 사람은 마음대로 나갈 수가 있다. 이렇게 **누구에게나 열려 있는 문**이 일주문이요 공문인 것이다.

그러나 이 문을 통과하여 부처님의 경지로 나아가고자 하는 이에게는 단 한 가지의 제약이 주어진다. 그것이 무엇인가?

세속의 잡된 생각을 텅 비우고 이 문을 들어서라는 것이다. 비록 문짝을 달지 않아 뻥 뚫려 있는 공문이지만, 재물에 걸리고 사랑에 걸리고 명예에 걸리고 탐욕·분노·어리석음 등의 감정에 휘말리게 되면, 어느새 일주문은 기둥과 기둥 사이에서 문짝들이 생겨 나와 유문有門으로 바뀌어 버린다. 그리고 **출입을 막기 위해 스스로 빗장을 굳게 걸어 버린다.**

그러므로 무엇보다 먼저 놓아 버리고 비워 버릴 줄 알아야 한다. 탐착하고 있으면, 이기적인 감정으로 꼭 닫고 있으면 결코 공문을 통과할 수 없다.

그래서 불교에서는 '놓아라, 비워라, 버려라'는 말을 자주 한다. 왜? 이것이 공문으로 들어가는 비결이기 때문이다. 어찌 참된 해탈과 진리를 밖에서 구할 일이겠는가?

집착을 놓아야 한다.

집착을 비워야 한다.

육진을 좇아 바깥으로 뿔뿔이 흩어지고 있는 생각들을 되돌려서, 생각을 일으킨 주인공을 찾아야 한다.

놓아 버리지도 비워 버리지도 못하면 그 결과는 고통뿐이다. 항상 열려 있는 공문을 스스로 닫아 버리면 고통의 세계[苦趣]를 옮겨 다니며 윤회하기를 되풀이할 뿐이다.

잘 명심하여 복되고 지혜로운 스스로의 인생길을 활짝 열게 되기를 두손 모아 축원드린다.

나무마하반야바라밀.

불교 수행의 요점

내 속의 보배를 찾아라

앞의 법문에 이어 불교를 배우는 우리는 어떻게 닦아 가야 하는가를 한 문장으로 요약하면 다음과 같다.

밖에서 진리를 구하지 말고, 안으로 안으로 나의 마음을 맑히고 다스려서, 내 속에 간직되어 있는 참된 보배를 찾아라.

중국 당나라 때의 대주大珠선사가 대도인이신 마조馬祖스님을 찾아와 가르침을 청하자, 마조스님께서 물었다.

"너는 무엇을 찾고 있느냐?"

"깨달음입니다."

"깨달음? 어찌하여 깨달음을 나에게 와서 찾는가? 너에게도 보물창고가 있거늘!"

"저의 보물창고가 어디에 있습니까?"

"지금 묻고 답하는 그것이 바로 보물창고지."

이 말을 듣는 순간 대주선사는 대오大悟하였다. 그리고 그 뒤부터는 늘 주위 사람들에게 일러주었다.

"너의 보물창고를 열어라. 그리고 그 속에 가득한 보물들을 써라."

§

이 대주선사의 보물창고 이야기와 『법화경』의 의주 有衣珠喩(옷 속의 보주 이야기) 이야기는 맥락을 같이 한다.

❖

혈혈단신의 한 젊은이가 관직에 있는 옛 친구의

집을 방문하였다가 술에 취해 잠이 들었다. 그런데 집주인인 친구가 갑자기 나라의 명을 받아 먼 길을 떠나게 되었다.

집주인은 술에 취해 자고 있는 친구를 깨웠다. 그러나 깊은 잠에 빠져 일어나지 않자, 고생하는 친구의 처지를 딱하게 여겨 값진 보주를 안주머니 속에 넣어주고 길을 떠났다.

잠에서 깨어난 젊은이는 보주가 있는 줄도 모른 채 다시 친구 집을 나와 여러 마을을 떠돌아다녀야 했고, 먹고 살기 위해 갖은 고생을 다 하며 살았다.

한 끼 밥을 위해 한나절을 허리 한번 제대로 펴지 못하는 일도 하였고, 잠자리가 마땅치 않아 남의 집 처마 밑에 쪼그리고 앉아 밤을 지새우기도 하였다.

몇 년 뒤 젊은이가 관직에 있는 친구를 다시 만나게 되었을 때, 친구는 매우 애석해하며 말하였다.

"이 사람아, 이 무슨 고생인가! 내가 자네 사는 것이 걱정이 되어, 먼 길을 떠나면서 자네 옷 속에 보주를 넣어주지 않았더냐?"

"보주? 무슨 보주?"

"아직 그대로 있구먼, 이 안주머니 속에 있지 않은가? 어찌 몇 년이 지나도록 보주를 지니고 있다는 사실조차 모르고 지냈는가? 이 보주만 팔았어도 몇 년은 호강을 하였을 텐데…."

§

이 두 편의 이야기 속의 **보물창고**와 **보주**는 우리 모두가 가지고 있는 **일심**一心 **또는 불성**佛性에 **대한 비유**이다.

모든 중생은 누구나 이러한 보물창고와 보주를 가지고 있다. 아무리 써도 써도 바닥이 나지 않고 줄어듦이 없는, 영원생명 무한가치의 보물창고와 그 값을 따질 수조차 없는 보주를 갖추고 있다. 이러한 보물을 찾아 쓰기 위해 우리는 닦아가고 있는 것이다.

그러나 우리는 보물을 스스로 간직하고 있다는 사실조차 모른 채 밖에서만 가치 있는 것을 찾는다. 하지만 밖에서 구하는 동안에는 보물창고나 보주는 흔적조차도 볼 수가 없다.

정녕 보물창고를 찾고 그 안의 보물을 마음대로 쓰고자 한다면, 그리고 값을 따질 수 없는 보주를 얻고자 한다면, 결코 밖에서 찾아서는 안 된다. 밖에서 찾는 공부가 아니라, 안으로 안으로 돌아보는 공부를 하여야 한다.

밖으로 부산하게 흩어지는 **번뇌들을 쫓아가지** 말고, 그 마음을 거두어들여 **삼매**三昧**를 이루는 공부를 하여야** 한다. 참선·염불·기도·보시·자비봉사·경전공부 등을 통하여 '나'를 되돌아보면서, 번뇌를 지혜로 바꾸는 공부를 해야 하는 것이다.

그리하여 마침내는 '나'의 벽을 무너뜨려야 한다. 이제까지 스스로가 쌓아 스스로를 가두었던 '나'의 벽을 무너뜨리면, '나'는 이 진리의 세계인

법계法界와 하나가 되어 대해탈과 대자유와 다함
없는 행복을 누릴 수 있게 되는 것이다.

한 가지라도 정성껏

그러나 이 '나'의 벽은 무너뜨리고자 하여도 쉽
게 무너지지 않는다. 그동안 나의 이기심과 나의
고집과 나에 대한 사랑으로 벽을 너무나 견고하게
쌓았기 때문이다.

그럼 어떻게 해야 이 벽을 무너뜨릴 수 있는가?

가장 쉬운 경우는 삼매三昧를 이룰 때이다. 참선
을 하여 좌선 삼매에 젖어 들거나, 불보살의 명호
를 외워 염불삼매에 젖어 들면 '나'의 벽은 홀연히
사라져 버린다.

왜 삼매를 이루면 나의 벽이 홀연히 사라지는
가? 마음을 모으고 또 모아 삼매에 몰입하면 나
도 대상도 한꺼번에 사라져 버리기 때문이다.

또 나의 것을 아끼는 마음을 없애는 보시를 행하거나, 자비봉사로 남을 내 몸처럼 아끼고 살릴 수 있는 삶을 살거나, 경전 등을 열심히 공부하고 사색하여 무아無我의 이치를 사무쳐 깨닫게 되면 나의 벽은 사라지게 된다.

어떠한 불법수행이라도 상관이 없다. 다만 한 가지 깊이 명심해야 할 사항은 **자랑 말고 집착 말고 정성껏 행하라**는 것이다.

가령 보시를 하였다고 하면 보시를 한 그 자체로 끝낼 뿐, '내가 누구에게 무엇을 주었다'는 자취를 남겨서는 안 된다.

왜인가? 자랑하고 집착하는 보시의 공덕은 자랑하고 집착하는 만큼에 불과하지만, **집착 없이 행하는 보시는 한량없는 복을 불러일으키고 깨달음의 길로 연결**되기 때문이다.

불자들이 즐겨 닦는 기도나 절 또한 마찬가지이

다. 불자들 중에는 힘든 3천 배를 하는 사람들이 많다. 3천 배를 올리면서 흘린 땀방울은 그야말로 참회의 땀방울이다. 그런데 그 사람들 중 일부는 '3천'이라는 절의 수를 즐겨 자랑하기도 한다.

3천 배 한 것을 마치 미지의 산봉우리를 최초로 밟은 것인 양 자랑하고, 아직 3천 배를 한 일이 없는 사람을 상대로 삼아 은근히 뽐내기까지 한다.

그러나 이렇게 절을 하고 기도한다면, 3천 배가 아니라 백만 배를 한들 참된 깨달음으로는 이어질 수가 없다. 자랑 섞인 3천 배보다는 오히려 정성을 가득 담은 3배가 더 큰 공덕을 이룰 수도 있는 것이다.

부디 명심하라.

불법 수행의 요체는 정성껏 행하고 비우는 것이다. 결코 자랑을 하거나 집착을 해서는 안 된다. 자랑을 하면 흔적이 깊어지고, 흔적이 깊으면 깊은 만큼 텅 비어 있는 참된 도와 하나가 되기 어렵기 때문이다.

그러므로 우리 불자들은 어떠한 불법 수행을 하더라도 자랑을 하지 말고 집착을 하지 말고, 언제나 하심下心하면서 정성껏 정성껏 닦아 가야 한다.

그리하여 그 정성이 지극하여지면, 감춰진 보배 창고인 일심을 되찾아서 마음대로 보물을 쓰고 무한한 행복을 누리는 대해탈의 삶을 이룩할 수 있게 되는 것이다.

불교의 모든 가르침은 하나같이, 내 마음을 평안하게 하고 남의 마음을 평안하게 하는 가르침이다.

그러므로 언제나 불법을 생각하고 부처님의 바른 법을 위해 몸을 아끼지 않는 것과 동시에 남을 위할 줄 알면 반드시 대해탈을 얻을 수가 있다.

물론 대부분의 불자들은 불교 공부에 있어 지극한 정성을 보이기가 힘들 것이다. 그렇지만 힘닿는 데까지 꾸준히 불법을 익히고 정성을 다하면 차츰

길이 열리게 된다.

언제나 불법을 생각하고 불법 속에서 살면, 비록 지금은 어려운 수행일지라도 차츰 인因과 연緣과 업業이 무르익고 또 익어, 마침내 큰 깨달음을 이룰 수 있게 된다.

정녕 중요한 것은 복과 낙을 바깥에서 찾는 것이 아니라, 법답게 살고 정성을 다하는 일이다.

내가 '나'를 돌아보고 개발하여 영원생명과 무한가치를 이루어 내는 일이다.

부디 이러한 불법수행에 정성을 다하여, 자타일시성불도自他一時成佛道의 길로 나아가기를 두 손 모아 축원드린다.

나무마하반야바라밀.

저자 동곡일타 東谷日陀 스님

1929년 충남 공주에서 출생하여 1942년 양산 통도사로 출가하였다. 1946년 송광사 삼일암의 수선안거修禪安居를 시작으로 일평생을 참선정진과 중생교화에만 몰두하셨다.

해인사 주지·대한불교조계종 전계대화상·대한불교조계종 원로위원·은해사 조실 등을 역임하다가, 1999년 11월 29일 세수 71세, 법랍 58세로 열반에 드셨다.

저서로는 『범망경보살계』『법공양문』『오계이야기』『윤회와 인과응보 이야기』『생활 속의 기도법』『기도』『불자의 마음가짐과 수행법』『부드러운 말 한마디 미묘한 향이로다』『불교 예절 입문』『선수행의 길잡이』『초심(시작하는 마음)』『발심수행장(영원으로 향하는 마음)』『자경문(자기를 돌아보는 마음)』이 있다.

공저로는 『광명진언 기도법』과 『병환과 기도』가 있으며, 일대기 『아! 일타큰스님』도 있다.

신행과 포교를 위한 불서 (4×6판, 각 100쪽)

행복과 성공을 위한 도담　　경봉스님 저　3,500원
인생을 어떻게 살 것인가? 행복은 누구에게 깃들며, 어떻게 할 때 성공하는가? 복 짓는 법 등을 명쾌하고 자상하게 설하고 있다.

일상기도와 특별기도　　일타스님 저　3,500원
생활 속에서 쉽게 행할 수 있는 기도법과 괴롭고 힘든 경우에 행하는 특별기도, 성취를 위한 기도에 대해 자세히 설하고 있다.

불교예절입문　　일타스님 저　3,500원
불교의 예절 속에 깃든 상징성과 함께 합장법, 절하는 법, 사찰에서의 기본예절, 법문 듣는 법 등을 새롭게 정리하였다.

불성발현의 길　　우룡스님 저　3,500원
내 속에 있는 불성이 깨달음의 원동력이요 자정능력을 발휘한다는 것과 무명을 타파하는 법 등을 정성을 다해 설하고 있다.

불자의 삶과 공부　　우룡스님 저　3,500원
현재의 삶에서 주인노릇은 잘하고 있는가? 어떠한 이가 참된 불자인가? 등을 되묻고, 어떠한 공부를 하면 좋은지를 일깨워준다.

광명진언 기도법　　일타스님·김현준 저　3,500원
광명진언기도의 영가천도 및 생활 속에서의 효과, 이 진언의 깊은 가르침, 기도 방법과 마음가짐, 기도영험담 등을 수록하였다.

보왕삼매론 풀이　　김현준 저　3,500원
장애의 극복 방법을 일러주어, 지혜롭고 복된 삶을 살 수 있도록 이끌어주는 보왕삼매론을 매우 감동적으로 풀어 쓴 책이다.

바느질하는 부처님　　김현준 편저　3,500원
부처님 일대기 중에서 향기로운 이야기 29편을 가려 뽑아 엮은 책. 인생을 지혜롭게 이끌어 주는 부처님의 가르침이 가득하다.

손안의 불서 ⑦
행복을 여는 감로법문

지은이 일타큰스님
엮은이 김현준
펴낸이 김연지
펴낸곳 효림출판사

초 판 1쇄 펴낸날 2023년 5월 10일
       3쇄 펴낸날 2025년 3월 21일

등록일 1992년 1월 13일 (제2-1305호)
주 소 서울특별시 서초구 반포대로14길 30, 907호 (서초동, 센츄리Ⅰ)
전 화 02-582-6612, 587-6612
팩 스 02-586-9078
이메일 hyorim@nate.com

값 3,500원